Gästebuch

für:

D1723396

_____

_____

Datum

© 2019 Marcel Drenkwitz
1.Auflage
Alle Rechte vorbehalten.
Veröffentlicht von: Marcel Drenkwitz
Independently published
Kontakt: Marcel Drenkwitz, Okerstraße 40b, 38527 Meine
E-Mail: tengel-holding@web.de
Covergestaltung: Marcel Drenkwitz

Printed in Poland
by Amazon Fulfillment
Poland Sp. z o.o., Wrocław

34874475R00063